Stockholm Sweden: Swedish-English

Coledown Bilingual Books

Published by Coledown Bilingual Books, 2023.

While every precaution has been taken in the preparation of this book, the publisher assumes no responsibility for errors or omissions, or for damages resulting from the use of the information contained herein.

STOCKHOLM SWEDEN: SWEDISH-ENGLISH

First edition. November 4, 2023.

ISBN: 979-8223804178

Written by Coledown Bilingual Books.

Table of Contents

Stockholms Historia

Stockholm, Sveriges pulserande huvudstad, är en stad som andas historia genom sina gator och byggnader. Med en historia som sträcker sig över nästan åtta århundraden är Stockholm en plats där det förflutna vävs samman med det nutida.

Stockholms ursprung kan spåras tillbaka till 1200-talet då en fästning uppfördes på ön Stadsholmen. Namnet "Stockholm" kommer från de två svenska orden "stock" och "holm", som refererar till en trästock som användes för att markera platsen för den första bosättningen. Denna plats var strategiskt vald eftersom det var lätt att försvara och kontrollera trafiken på Mälaren-sjön. Under medeltiden växte staden snabbt och blev en central knutpunkt för handel och politik i Sverige.

Under 1600-talet hade Stockholm etablerat sig som en viktig politisk och ekonomisk stad. Den svenska stormaktstiden, ledd av kung Gustav II Adolf och drottning Kristina, gav staden internationell betydelse. Gustav II Adolfs planer för en modern stad med breda gator och välplanerade kvarter blev grundläggande för Stockholms framtid som en europeisk huvudstad. Trots politiska förändringar, inklusive övergången från kungahus till parlamentarisk demokrati, har Stockholm fortsatt att vara Sveriges politiska centrum.

Stockholm har också varit platsen för flera betydelsefulla historiska händelser. Ett av de mest kända exemplen är Stockholms blodbad 1520, då den danska kungen Kristian II utförde en massakern på svenska adelsmän och kyrkomän. Denna händelse fick en djup påverkan på Sveriges historia och används än idag som ett symboliskt exempel på våldsam politik.

Under 1700-talet genomgick Stockholm en radikal stadsplanering som skapade en modern stad med breda boulevarder och vackra byggnader. Arkitekten Nicodemus Tessin den Yngre spelade en central roll i denna transformation och ritade många av stadens mest imponerande byggnader, inklusive Kungliga slottet och Drottningholms slott. Denna arkitektoniska skönhet har överlevt till denna dag och är en av de mest imponerande dragen i stadens landskap.

Stockholms geografiska placering har gjort staden till en viktig handelsplats genom århundradena. Staden kontrollerar tillgången till Östersjön och har därför varit en knutpunkt för handel och sjöfart. Under 1800-talet blomstrade sjöfarten, och många företag grundades i staden. Stockholm blev en betydande industriell hubb, och stadens ekonomi blomstrade. Den industriella revolutionen förändrade Stockholms landskap ytterligare med nya fabriker och bostäder som byggdes för att rymma den växande befolkningen.

Under 1900-talet genomgick Stockholm en radikal förvandling till en modern huvudstad. Stora infrastrukturprojekt, som tunnelbanesystemet och motorvägar, förändrade stadens transportmöjligheter och gjorde den mer tillgänglig. Stockholm blev också hem för många internationella organisationer, inklusive FN:s regionala centrum för fred och nedrustning. Staden blev känd för sitt engagemang för fred och mänskliga rättigheter och var värd för flera historiska möten och förhandlingar.

Idag är Stockholm en pulserande metropol med en befolkning på över en miljon människor. Staden är känd för sin höga livskvalitet och dess åtagande för hållbarhet och miljövänlighet. Det kulturella livet blomstrar med många teatrar, museer och konstgallerier. Staden är också hem för många ledande teknikföretag och har blivit en av Europas främsta innovationshubbar.

Stockholm har en rik kulturarv som sträcker sig över århundraden. Staden har flera museer och historiska platser som berättar om dess historia. Ett av de mest kända museerna är Vasamuseet, som hyser det 17-talsskeppet Vasa som bärgades från havsbotten efter att det sjönk på sin jungfrufärd. Museet ger en fascinerande inblick i Sveriges sjöfartshistoria och den teknik som användes under den tiden.

En annan viktig del av Stockholms kulturarv är Gamla stan, den historiska stadskärnan. Gamla stan är fylld med smala kullerstensgator, färgglada byggnader och historiska sevärdheter. En av de mest kända platserna i Gamla stan är Storkyrkan, en medeltida kyrka med en imponerande interiör och den kända statyn av helige Göran och draken.

Stockholm har också ett pulserande konst- och kulturscenario. Staden är hem för Kungliga Operan och flera teatrar som erbjuder en mängd olika föreställningar, från klassisk musik till modern dans. Modern konst är välrepresenterad i staden med institutioner som Moderna Museet och Fotografiska.

Stockholms rika historia och betydelse som en internationell metropol gör det till en stad som är värd att utforska och uppleva. Från sina beskedliga rötter som en fästning på en ö till dagens moderna och blomstrande huvudstad, har Stockholm genomgått en otrolig utveckling. Staden är en plats där det förflutna möter framtiden och där historiens berättelser lever vidare i dess gator, byggnader och kulturarv. Genom att förstå Stockholms historia kan vi uppskatta dess mångfald och betydelse som en av Europas mest spännande städer.

Stockholm's History

Stockholm, Sweden's vibrant capital, is a city that breathes history through its streets and buildings. With a history that spans nearly eight centuries, Stockholm is a place where the past intertwines with the present.

The origins of Stockholm can be traced back to the 13th century when a fortress was built on the island of Stadsholmen. The name "Stockholm" comes from the two Swedish words "stock" and "holm," referring to a wooden log used to mark the site of the initial settlement. This location was strategically chosen because it was easy to defend and control the traffic on Lake Mälaren. During the Middle Ages, the city grew rapidly and became a central hub for trade and politics in Sweden.

In the 17th century, Stockholm had established itself as an important political and economic city. The Swedish Great Power era, led by King Gustav II Adolf and Queen Christina, gave the city international significance. Gustav II Adolf's plans for a modern city with wide streets and well-planned quarters laid the foundation for Stockholm's future as a European capital. Despite political changes, including the transition from monarchy to parliamentary democracy, Stockholm has continued to be Sweden's political center.

Stockholm has also been the site of several significant historical events. One of the most famous examples is the Stockholm Bloodbath of 1520 when Danish King Christian II carried out a massacre of Swedish noblemen and clergymen. This event had a profound impact on Sweden's history and is still used today as a symbolic example of violent politics.

During the 18th century, Stockholm underwent a radical urban planning transformation, creating a modern city with broad boulevards and beautiful buildings. Architect Nicodemus Tessin the Younger played a central role in this transformation and designed many of the city's most impressive buildings, including the Royal Palace and Drottningholm Palace. This architectural beauty has survived to this day and is one of the most striking features of the city's landscape.

Stockholm's geographical location has made it an important trading hub throughout the centuries. The city controls access to the Baltic Sea and has thus been a focal point for trade and maritime activities. In the 19th century, maritime trade flourished, and many companies were founded in the city. Stockholm became a significant industrial hub, and the city's economy prospered. The Industrial Revolution further transformed Stockholm's landscape with new factories and housing built to accommodate the growing population.

In the 20th century, Stockholm underwent a radical transformation into a modern capital. Major infrastructure projects, such as the subway system and highways, changed the city's transportation options, making it more accessible. Stockholm also became home to several international organizations, including the United Nations' regional center for peace and disarmament. The city became known for its commitment to peace and human rights and hosted several historic meetings and negotiations.

Today, Stockholm is a vibrant metropolis with a population of over a million people. The city is known for its high quality of life and its commitment to sustainability and environmental friendliness. The cultural life thrives with many theaters, museums, and art galleries. The city is also home to many leading technology companies and has become one of Europe's foremost innovation hubs.

Stockholm has a rich cultural heritage that spans centuries. The city has several museums and historic sites that tell its story. One of the most famous museums is the Vasa Museum, which houses the 17th-century ship Vasa, salvaged from the sea bottom after it sank on its maiden voyage. The museum provides a fascinating insight into Sweden's maritime history and the technology used during that time.

Another important part of Stockholm's cultural heritage is Gamla Stan, the historic city center. Gamla Stan is filled with narrow cobblestone streets, colorful buildings, and historic landmarks. One of the most famous sites in Gamla Stan is the Storkyrkan, a medieval church with an impressive interior and the well-known statue of Saint George and the Dragon.

Stockholm also boasts a vibrant art and cultural scene. The city is home to the Royal Opera and several theaters that offer a variety of performances, from classical music to modern dance. Modern art is well-represented in the city with institutions like the Moderna Museet and Fotografiska.

Stockholm's rich history and its significance as an international metropolis make it a city worth exploring and experiencing. From its humble origins as a fortress on an island to today's modern and thriving capital, Stockholm has undergone incredible development. The city is a place where the past meets the future and where the stories of history live on in its streets, buildings, and cultural heritage. By understanding Stockholm's history, we can appreciate its diversity and its importance as one of Europe's most exciting cities.

Mälaren

Sjön Mälaren, belägen mitt i Sveriges hjärta, är en skattkista av historia, kultur och naturskönhet. Dess betydelse sträcker sig djupt in i Stockholms själ och är en del av stadens identitet.

Mälaren, med sitt utlopp i Östersjön, sträcker sig över 1 140 kvadratkilometer och är Sveriges tredje största sjö. Den omges av pittoreska landskap, inklusive skogar, öar, och små städer, som ger sjön dess unika karaktär. Mälaren är också en del av ett större sjösystem som inkluderar Hjälmaren och Vänern och har varit en viktig länk för inrikes sjöfart och handel i århundraden.

Sjön Mälaren har en fascinerande geologisk historia som går tillbaka tusentals år. Under den senaste istiden formades landskapet och skapade Mälaren som vi känner den idag. Sjön är känd för sina många öar, vikar och djup, och dess geografi har haft en avgörande inverkan på Stockholms tillväxt och utveckling.

Stockholms geografiska placering vid Mälaren har gjort staden till en betydande handels- och transportknutpunkt. Förr i tiden användes Mälaren som en viktig väg för att transportera varor och människor mellan östra och västra Sverige. Staden Stockholm grundades på öarna i Mälarens utlopp på 1200-talet, och sjön blev en naturlig skyddande barriär mot inkräktare och pirater. Denna strategiska placering spelade en viktig roll i stadens utveckling till Sveriges huvudstad.

Under medeltiden var Mälaren en viktig transportväg för handel och kommunikation. Staden Stockholm växte och utvecklades, och Mälaren blev en livsnerv för dess ekonomi. Fartyg från när och fjärran anlände till Mälaren, och handeln blomstrade. Staden blev känd för sin fiskexport och andra varor som skeppades över sjön.

Mälaren har också haft stor kulturell betydelse för Stockholm och hela Sverige. Många slott och herrgårdar ligger vid sjöns stränder, och de har varit platsen för historiska händelser och kungliga sammanträden. Ett av de mest kända slotten är Drottningholms slott, ett kungligt residens som ligger på ön Lovön i Mälaren. Slottet är ett utmärkt exempel på barockarkitektur och är också ett världsarv enligt UNESCO.

Mälaren har även en rik kulturarv som inkluderar fornlämningar och konstverk från forntida tider. Många öar i sjön har historiska ruiner och gravfält som berättar om människors liv och kulturer som funnits i området sedan urminnes tider. Fornlämningar som Birka, en forntida vikingastad som låg på ön Björkö i Mälaren, ger inblick i Sveriges tidiga historia. Dessutom har många konstnärer genom åren inspirerats av Mälaren och dess omgivningar, vilket har resulterat i en rik konstnärlig tradition som hyllar sjöns skönhet.

Mälaren har en betydande roll i dagens Stockholm och är en viktig del av stadens identitet. Sjön erbjuder möjligheter till rekreation och avkoppling, inklusive segling, fiske och bad. Dessutom är Mälaren en viktig del av stadens vattentäktsförsörjning och fungerar som en reservoar för dricksvatten. Detta är av största vikt för en växande stad med höga krav på vattenförsörjning och sanitet.

Sjöns ekosystem är också av stor betydelse. Mälaren är hem för en mångfald av fiskarter, inklusive gädda, abborre och gös, som är populära bland sportfiskare. Dessutom fungerar Mälaren som livsmiljö för många fågelarter och andra vilda djur. Bevarandet av Mälarens miljö är avgörande för att skydda den biologiska mångfalden och hållbarheten i området.

Mälaren är en plats för rekreation, historia, kultur och ekologi. Dess betydelse sträcker sig djupt in i Stockholms själ och har format stadens utveckling och kulturella arv. Genom att förstå Mälaren kan vi uppskatta dess rikedom och dess roll som en viktig del av Stockholms historia och framtid. Sjön Mälaren är en av de mest fascinerande och mångsidiga dragen i den svenska huvudstadens landskap och en skattkista som måste bevaras och uppskattas för kommande generationer.

Lake Mälaren

Lake Mälaren, situated in the heart of Sweden, is a treasure trove of history, culture, and natural beauty. Its significance runs deep into the soul of Stockholm and is an integral part of the city's identity.

Lake Mälaren, with its outlet to the Baltic Sea, spans over 1,140 square kilometers, making it Sweden's third-largest lake. It is surrounded by picturesque landscapes, including forests, islands, and small towns, which give the lake its unique character. Lake Mälaren is also part of a larger lake system that includes Lake Hjälmaren and Lake Vänern and has been a crucial link for inland shipping and trade for centuries.

Lake Mälaren has a fascinating geological history dating back thousands of years. During the last ice age, the landscape was shaped, creating Lake Mälaren as we know it today. The lake is renowned for its numerous islands, bays, and depths, and its geography has had a decisive impact on Stockholm's growth and development.

Stockholm's geographical location on Lake Mälaren has made the city a significant trade and transportation hub. In the past, Lake Mälaren served as a vital route for transporting goods and people between eastern and western Sweden. The city of Stockholm was founded on the islands at the outlet of Lake Mälaren in the 13th century, and the lake became a natural protective barrier against invaders and pirates. This strategic location played a crucial role in the city's development into Sweden's capital.

During the Middle Ages, Lake Mälaren was a vital transportation route for trade and communication. The city of Stockholm grew and evolved, and Lake Mälaren became the lifeblood of its economy. Ships from near and far arrived at Lake Mälaren, and trade flourished. The city became known for its fish exports and other goods shipped across the lake.

Lake Mälaren has also had significant cultural importance for Stockholm and all of Sweden. Many castles and manor houses are located along the lake's shores, and they have been the site of historical events and royal gatherings. One of the most famous castles is Drottningholm Palace, a royal residence located on Lovön Island in Lake Mälaren. The palace is an excellent example of baroque architecture and is also a UNESCO World Heritage site.

Lake Mälaren also has a rich cultural heritage, including ancient relics and artworks from ancient times. Many islands in the lake have historical ruins and burial grounds that tell the stories of people's lives and cultures that have existed in the area since time immemorial. Ancient sites like Birka, an ancient Viking town located on Björkö Island in Lake Mälaren, provide insight into Sweden's early history. Furthermore, many artists over the years have drawn inspiration from Lake Mälaren and its surroundings, resulting in a rich artistic tradition that celebrates the lake's beauty.

Lake Mälaren plays a significant role in today's Stockholm and is an essential part of the city's identity. The lake offers opportunities for recreation and relaxation, including sailing, fishing, and swimming. Moreover, Lake Mälaren is a crucial part of the city's water supply and serves as a reservoir for drinking water. This is of utmost importance for a growing city with high demands for water supply and sanitation.

The lake's ecosystem is also of great significance. Lake Mälaren is home to a diversity of fish species, including pike, perch, and pike-perch, which are popular among sport fishermen. Additionally, Lake Mälaren serves as a habitat for many bird species and other wildlife. The preservation of Lake Mälaren's environment is vital to protect biodiversity and the sustainability of the region.

Lake Mälaren is a place of recreation, history, culture, and ecology. Its significance runs deep into the soul of Stockholm and has shaped the city's development and cultural heritage. By understanding Lake Mälaren, we can appreciate its richness and its role as a vital part of Stockholm's history and future. Lake Mälaren is one of the most fascinating and versatile features in the Swedish capital's landscape and a treasure trove that must be preserved and cherished for generations to come.

Smakernas Mångfald

Stockholm, Sveriges pulserande huvudstad, är inte bara en plats där historia och kultur möts, utan också där en rik matkultur blomstrar. Staden erbjuder en mångfald av smaker och kulinariska upplevelser som speglar dess kosmopolitiska natur.

Stockholms matkultur är en fascinerande mosaik av tradition och förnyelse. Staden har en rik historia av att använda lokala råvaror i sina rätter, vilket återspeglas i klassiska svenska rätter som gravad lax, köttbullar och surströmming. Dessa rätter har sina rötter i den svenska landsbygden, men har blivit en del av Stockholms identitet.

Gravad lax, en kallrökt och kryddad lax som ofta serveras med hovmästarsås och potatis, är en klassisk svensk delikatess. Denna rätt har en historia som sträcker sig tillbaka till vikingatiden, då man använde en metod med att gravera laxen i sanden nära vattnet. Idag kan man njuta av gravad lax på restauranger över hela Stockholm.

Köttbullar är en annan ikonisk svensk rätt som finns i många variationer. Dessa små köttbollar, vanligtvis gjorda av blandfärs av nöt- och fläskkött, serveras ofta med lingonsylt och potatismos. De är en populär rätt i hemmen såväl som på restauranger i Stockholm.

Surströmming, även känt som surströmning, är en av de mer kontroversiella svenska rätterna. Denna fermenterade strömmingsill är känd för sin starka lukt och smak. Surströmming serveras traditionellt med tunnbröd, lök och gräddfil. Även om det inte är för allas smak, är det en del av Sveriges matkulturarv och är fortfarande en del av Stockholms matlandskap.

Stockholm är också känt för sina caféer och fikarast. Att fika är en omtyckt svensk tradition som innebär att ta en kaffe eller te med något sött till. Caféer som Wienercaféet och Vetekatten är kända för sina bakverk och klassiska smörgåsar. Dessutom är kanelbullar, eller kanelbullar, en populär del av fikakulturen och är ofta hembakade och njutna med en kopp kaffe.

En annan viktig aspekt av Stockholms matkultur är dess internationella influenser. Staden har en mångkulturell befolkning, och det återspeglas i dess restaurangscen. Besökare kan njuta av allt från thailändsk, kinesisk, och italiensk mat till libanesiska, grekiska och japanska rätter.

Kungsholmen, Södermalm och Vasastan är några av de områden i Stockholm där mångfalden av restauranger är mest påtaglig. Människor från hela världen har öppnat restauranger och matställen som erbjuder autentiska smaker från sina hemländer. Detta ger en spännande möjlighet för besökare att utforska mat från hela världen utan att lämna staden.

Street food har också blivit allt mer populärt i Stockholm. Matmarknader som Smorgastarta och Hornstulls marknad erbjuder en rad olika internationella och svenska gatukök som serverar allt från tacos och dim sum till smörgåsar och våfflor.

Detta är ett utmärkt sätt att prova olika smaker i en avslappnad atmosfär.

Stockholm är också hem för flera internationellt erkända restauranger och kockar. Staden har flera restauranger som har tilldelats Michelinstjärnor, vilket är ett bevis på dess kulinariska kvalitet och kreativitet. Restauranger som Frantzén, Oaxen Slip, och Gastrologik har blivit välkända för sina innovativa menyer och högklassiga upplevelser.

När det gäller drycker, är Sverige och Stockholm särskilt kända för sin snaps, en spritdryck som traditionellt dricks som en del av midsommarfirandet och andra festliga tillfällen. Öl är också mycket populärt, och Stockholm har ett antal bryggerier och pubar som erbjuder olika sorter av hantverksöl.

Stockholms matkultur är inte bara om tradition och internationella influenser; den är också om hållbarhet och lokala råvaror. Staden har en växande trend av ekologisk mat och fokus på att minska matsvinnet. Många restauranger och kaféer satsar på att använda närproducerade och ekologiska ingredienser, vilket gör det enkelt för invånare och besökare att äta med gott samvete.

Avslutningsvis är Stockholms matkultur en smakrik resa genom en stad som har mycket att erbjuda. Från sina klassiska svenska rätter till internationella smaker och innovativa kockar, har Stockholm en rik mångfald av matupplevelser. Mat är inte bara en del av stadens kultur, det är en del av dess själ. Så nästa gång du besöker Stockholm, glöm inte att smaka på allt det har att

erbjuda – du kommer att upptäcka en stad som är lika läcker som
den är vacker.

The Diversity of Tastes

Stockholm, Sweden's vibrant capital, is not just a place where history and culture intersect but also where a rich food culture thrives. The city offers a diversity of flavors and culinary experiences that reflect its cosmopolitan nature.

Stockholm's food culture is a fascinating mosaic of tradition and innovation. The city has a rich history of using local ingredients in its dishes, which is reflected in classic Swedish dishes such as gravlax, meatballs, and surströmming. These dishes have their roots in the Swedish countryside but have become a part of Stockholm's identity.

Gravlax, a cold-smoked and seasoned salmon often served with dill mustard sauce and potatoes, is a classic Swedish delicacy. This dish has a history dating back to the Viking era, when a method of burying the salmon in sand near the water was used. Today, one can enjoy gravlax in restaurants throughout Stockholm.

Meatballs are another iconic Swedish dish found in many variations. These small meatballs, typically made from a mix of beef and pork mince, are often served with lingonberry sauce and mashed potatoes. They are a popular dish both in homes and in restaurants in Stockholm.

Surströmming, also known as fermented herring, is one of the more controversial Swedish dishes. This fermented herring is known for its strong odor and taste. Surströmming is traditionally served with thin bread, onions, and sour cream. While it's not to everyone's taste, it is part of Sweden's culinary heritage and still a part of Stockholm's food landscape.

Stockholm is also known for its cafes and fika breaks. Fika is a beloved Swedish tradition that involves having a coffee or tea with something sweet. Cafes like Wienercaféet and Vetekatten are known for their pastries and classic sandwiches. Moreover, cinnamon buns, or kanelbullar, are a popular part of the fika culture and are often homemade and enjoyed with a cup of coffee.

Another essential aspect of Stockholm's food culture is its international influences. The city has a multicultural population, which is reflected in its restaurant scene. Visitors can enjoy everything from Thai, Chinese, and Italian food to Lebanese, Greek, and Japanese cuisine.

Kungsholmen, Södermalm, and Vasastan are some of the areas in Stockholm where the diversity of restaurants is most prominent. People from all over the world have opened restaurants and eateries offering authentic flavors from their home countries. This provides an exciting opportunity for visitors to explore food from around the world without leaving the city.

Street food has also become increasingly popular in Stockholm. Food markets like Smorgastarta and Hornstulls Market offer a variety of international and Swedish street food vendors serving everything from tacos and dim sum to sandwiches and waffles. This is an excellent way to sample different flavors in a relaxed atmosphere.

Stockholm is also home to several internationally recognized restaurants and chefs. The city boasts several restaurants that have been awarded Michelin stars, which is a testament to its culinary quality and creativity. Restaurants such as Frantzén, Oaxen Slip, and Gastrologik have become well-known for their innovative menus and high-class experiences.

When it comes to beverages, Sweden and Stockholm are particularly known for their snaps, a traditional spirit often consumed as part of Midsummer celebrations and other festive occasions. Beer is also very popular, and Stockholm has numerous breweries and pubs offering various craft beer varieties.

Stockholm's food culture is not only about tradition and international influences; it is also about sustainability and local ingredients. The city is seeing a growing trend of organic food and a focus on reducing food waste. Many restaurants and cafes are committed to using locally sourced and organic ingredients, making it easy for residents and visitors to dine with a clear conscience.

In conclusion, Stockholm's food culture is a flavorful journey through a city that has much to offer. From its classic Swedish dishes to international flavors and innovative chefs, Stockholm offers a rich diversity of culinary experiences. Food is not just a part of the city's culture; it's a part of its soul. So the next time you visit Stockholm, don't forget to savor all that it has to offer — you'll discover a city that is as delicious as it is beautiful.

Stockholm: En Modehuvudstad på Uppstigande

Stockholm är mer än bara Sveriges huvudstad; det är också en blomstrande modehuvudstad som ständigt förnyar sig. Staden har en unik plats på modets världskarta med en mix av skandinavisk enkelhet och internationell inspiration.

Stockholm är känt för sin enastående skandinaviska designtradition, som kännetecknas av minimalistisk estetik, funktionalitet och högkvalitativa material. Den här designfilosofin är förankrad i historien och kan spåras tillbaka till 1900-talets tidiga hantverkstraditioner.

En central del av Stockholms modevärld är dess starka förankring i naturen och årstiderna. Den skandinaviska designen har alltid influerats av det nordiska klimatet och miljön. Detta har resulterat i praktiska och funktionella plagg som är både snygga och praktiska för att hantera väderförhållandena. Stickade tröjor, vinterkappor och vattentäta jackor är några exempel på klädesplagg som är utformade med hänsyn till kalla vintrar och fuktiga somrar.

Den svenska modeindustrin har också en lång historia av textilproduktion och hantverk, med tyngdpunkt på kvalitet och hållbarhet. Svensk ull, linne och bomull har länge varit populära råvaror för klädtillverkning. Denna tradition av kvalitet och omsorg om detaljer fortsätter att vara en viktig del av Stockholms modeskapande.

Stockholm har framträtt som en modehuvudstad och stoltserar med framstående designers och modehus som har vunnit internationell uppmärksamhet. Märken som Acne Studios, H&M, och Filippa K är några av de mest kända inom den svenska modeindustrin. Dessa varumärken har uppnått global framgång och har hjälpt till att sätta Stockholm på modets världskarta.

Flera framstående designers har också sin bas i Stockholm och skapar kollektioner som hyllar skandinavisk stil och enkelhet. Märkeskläder som & Other Stories och COS har blivit känt för sina moderna och prisvärda plagg som är influerade av skandinavisk design. Deras butiker i Stockholm erbjuder en exklusiv upplevelse och visar upp det bästa av svensk mode.

Stockholm är också hem för flera framstående modeevenemang som lockar designers, modeentusiaster och media från hela världen. Stockholms modevecka, som äger rum två gånger om året, är en av de mest framstående händelserna i staden. Under modeveckan visas de senaste kollektionerna från svenska och internationella designers på catwalken. Evenemanget ger en plattform för nya talanger och möjliggör nätverkande inom modebranschen.

En annan viktig händelse är ELLE-galan, en prestigefylld ceremoni som hyllar framstående personer och varumärken inom mode och skönhet. Galan är en mötesplats för de mest inflytelserika personerna inom modeindustrin och ger uppmärksamhet åt framstående prestationer.

Stockholms vintagebutiker och second-hand-butiker är också en integrerad del av stadens modevärld. De erbjuder möjligheter att hitta unika kläder och accessoarer från olika tidsepoker och stilar. Många modeentusiaster värdesätter vintagekläder för deras hållbarhet och unika uttryck.

En spännande utveckling inom Stockholms modevärld är det ökande intresset för hållbart mode. Alltfler designers och varumärken fokuserar på att minska sin miljöpåverkan och främja etiska produktionsmetoder. Detta har resulterat i en ökande mängd miljövänliga alternativ inom modeindustrin i Stockholm.

Sammanfattningsvis är Stockholms modevärld en spännande och dynamisk scen som kombinerar en rik historia av skandinavisk design med moderna influenser och en ökande medvetenhet om hållbarhet. Staden har en unik plats på modets världskarta och erbjuder en mångfald av stilar och möjligheter för alla som älskar mode. Stockholm är inte bara en vacker och kulturellt rik stad; den är också en modeikon på uppgång i norra Europa.

Stockholm: A Rising Fashion Capital

Stockholm is more than just Sweden's capital; it is also a thriving fashion capital that is constantly evolving. The city holds a unique position on the global fashion map, with a blend of Scandinavian simplicity and international inspiration.

Stockholm is known for its outstanding Scandinavian design tradition, characterized by minimalist aesthetics, functionality, and high-quality materials. This design philosophy is rooted in history and can be traced back to early 20th-century craftsmanship traditions.

An integral part of Stockholm's fashion world is its strong connection to nature and the seasons. Scandinavian design has always been influenced by the Nordic climate and environment. This has resulted in practical and functional garments that are both stylish and equipped to handle weather conditions. Knit sweaters, winter coats, and waterproof jackets are some examples of clothing designed with consideration for cold winters and damp summers.

The Swedish fashion industry also has a long history of textile production and craftsmanship, with an emphasis on quality and sustainability. Swedish wool, linen, and cotton have long been popular raw materials for clothing production. This tradition of quality and attention to detail continues to be a significant part of Stockholm's fashion creativity.

Stockholm has emerged as a fashion capital and boasts prominent designers and fashion houses that have gained international recognition. Brands such as Acne Studios, H&M, and Filippa K are some of the most well-known in the Swedish fashion industry. These brands have achieved global success and have helped put Stockholm on the fashion world map.

Several prominent designers also have their base in Stockholm, creating collections that celebrate Scandinavian style and simplicity. Brand names like & Other Stories and COS are known for their modern and affordable clothing influenced by Scandinavian design. Their stores in Stockholm offer an exclusive experience and showcase the best of Swedish fashion.

Stockholm is also home to several prominent fashion events that attract designers, fashion enthusiasts, and media from all over the world. Stockholm Fashion Week, which takes place twice a year, is one of the most prominent events in the city. During Fashion Week, the latest collections from Swedish and international designers are showcased on the runway. The event provides a platform for emerging talents and facilitates networking within the fashion industry.

Another important event is the ELLE Gala, a prestigious ceremony that celebrates prominent individuals and brands in fashion and beauty. The gala serves as a meeting place for the most influential figures in the fashion industry and brings attention to outstanding achievements.

Stockholm's vintage shops and second-hand stores are also an integral part of the city's fashion world. They offer opportunities to find unique clothing and accessories from different eras and styles. Many fashion enthusiasts appreciate vintage clothing for their sustainability and unique expressions.

An exciting development in Stockholm's fashion world is the increasing interest in sustainable fashion. More and more designers and brands focus on reducing their environmental impact and promoting ethical production methods. This has resulted in a growing number of eco-friendly options in Stockholm's fashion industry.

In conclusion, Stockholm's fashion world is an exciting and dynamic stage that combines a rich history of Scandinavian design with modern influences and a growing awareness of sustainability. The city holds a unique position on the fashion world map and offers a diversity of styles and opportunities for all fashion lovers. Stockholm is not only a beautiful and culturally rich city; it is also a fashion icon on the rise in Northern Europe.

En Melodisk Mosaik

Stockholm, Sveriges pulserande huvudstad, är inte bara känt för sina vackra vyer och rika historia; det är också en musikalisk smältdegel som vibrerar av olika genrer, kreativitet och talanger.

Stockholm har en rik musikalisk historia som sträcker sig tillbaka i tiden och omfattar en mängd olika genrer och stilar. En av de mest ikoniska aspekterna av den svenska musiken är ABBA, som grundades i Stockholm på 1970-talet. Bandets internationella framgång och deras tidlösa hits som "Dancing Queen" och "Waterloo" har cementerat deras plats i musikhistorien och gjort Stockholm till en pilgrimsort för ABBA-fans.

Staden har också en stark koppling till rockmusik. Iconic rockband som Europe, Roxette, och Ace of Base har sina rötter i Stockholm och har varit viktiga för den internationella musikscenen. Deras låtar som "The Final Countdown" och "The Sign" är fortfarande populära världen över.

Den svenska popmusiken har också haft en stor inverkan på den globala musikscenen. Artister som Max Martin, som har skrivit hitlåtar för artister som Britney Spears och Taylor Swift, kommer från Stockholm och har hjälpt till att definiera popmusiken under de senaste decennierna.

Stockholm är känt för sin elektroniska musikscen. Staden har varit en grogrund för framstående elektroniska artister och producenter, inklusive Swedish House Mafia, Avicii och Alesso. Deras energifyllda och innovativa elektroniska låtar har lockat dansare från hela världen till Stockholm.

Svensk folkmusik har också en speciell plats i Stockholms hjärta. Genom åren har staden varit värd för en mängd olika folkmusikfestivaler och evenemang som har främjat traditionell svensk musik och dans. Folkband som Garmarna och Hoven Droven har varit förgrundsgestalter inom den svenska folkmusikscenen.

Stockholm har ett pulserande live-musikliv med en mängd olika arenor som erbjuder allt från intima klubbspelningar till stora konserter. Arenor som Ericsson Globe, Gröna Lund och Cirkus har varit värdar för många legendariska framträdanden av nationella och internationella artister.

En viktig aspekt av Stockholms musikscen är dess mångfald. Staden välkomnar artister och musikstilar från hela världen, vilket ger en spännande musikalisk smältdegel. Det finns konserter och evenemang som representerar allt från klassisk musik till hip-hop, jazz, och världsmusik.

Staden är också hem för flera framstående musikfestivaler som lockar besökare från hela världen. STHLM Music City är en festival som fokuserar på att främja Stockholms musikscen och ger en plattform för lokala och internationella artister. Andra festivaler som Popaganda, Way Out West och Summerburst är populära sommarhöjdpunkter som firar en bred mångfald av musikstilar.

Stockholms musikscen har också en stark koppling till den kreativa världen. Staden har inspirerat många artister, låtskrivare och producenter genom åren. Museer som ABBA The Museum ger en inblick i Sveriges mest ikoniska musikexport och ger besökare möjlighet att utforska bandets historia och bidrag till musiken.

Hållbarhet är också en viktig del av Stockholms musikscen. Många artister och evenemang fokuserar på att minska sin miljöpåverkan och främja hållbara musikpraktiker. Detta inkluderar att minska koldioxidutsläpp från konserter och använda återvunna material i produktionen.

Sammanfattningsvis är Stockholms musikscen en levande och mångsidig värld av toner och rytmer. Staden har en rik musikalisk historia och är en smältdegel av olika genrer och stilar. Musiken är en central del av stadens kultur och drar till sig talanger från hela världen. Stockholm är inte bara en vacker och historiskt rik stad; den är också en musikalisk kraft att räkna med, som fortsätter att vara en magnet för musikälskare från hela världen.

A Melodic Mosaic

Stockholm, Sweden's vibrant capital, is not only known for its beautiful vistas and rich history; it is also a musical melting pot pulsating with various genres, creativity, and talents.

Stockholm has a rich musical history that stretches back in time and encompasses a wide range of different genres and styles. One of the most iconic aspects of Swedish music is ABBA, which was founded in Stockholm in the 1970s. The band's international success and their timeless hits such as "Dancing Queen" and "Waterloo" have cemented their place in music history and made Stockholm a pilgrimage site for ABBA fans.

The city also has a strong connection to rock music. Iconic rock bands like Europe, Roxette, and Ace of Base have their roots in Stockholm and have been instrumental in the global music scene. Their songs such as "The Final Countdown" and "The Sign" are still popular worldwide.

Swedish pop music has also had a significant impact on the global music scene. Artists like Max Martin, who has written hit songs for artists like Britney Spears and Taylor Swift, come from Stockholm and have helped define pop music over the past decades.

Stockholm is known for its electronic music scene. The city has been a breeding ground for prominent electronic artists and producers, including Swedish House Mafia, Avicii, and Alesso.

Their energetic and innovative electronic tracks have attracted dancers from all over the world to Stockholm.

Swedish folk music also holds a special place in Stockholm's heart. Over the years, the city has hosted a variety of folk music festivals and events that have promoted traditional Swedish music and dance. Folk bands like Garmarna and Hoven Droven have been leading figures in the Swedish folk music scene.

Stockholm has a vibrant live music scene with various venues offering everything from intimate club performances to large concerts. Arenas such as the Ericsson Globe, Gröna Lund, and Cirkus have hosted many legendary performances by national and international artists.

An essential aspect of Stockholm's music scene is its diversity. The city welcomes artists and music styles from around the world, creating an exciting musical melting pot. There are concerts and events representing everything from classical music to hip-hop, jazz, and world music.

The city is also home to several prominent music festivals that attract visitors from all over the world. STHLM Music City is a festival that focuses on promoting Stockholm's music scene and provides a platform for local and international artists. Other festivals like Popaganda, Way Out West, and Summerburst are popular summer highlights celebrating a wide diversity of music styles.

Stockholm's music scene also has a strong connection to the creative world. The city has inspired many artists, songwriters, and producers over the years. Museums like ABBA The Museum provide insight into Sweden's most iconic music export and allow visitors to explore the band's history and contributions to music.

Sustainability is also a vital part of Stockholm's music scene. Many artists and events focus on reducing their environmental impact and promoting sustainable music practices. This includes reducing carbon emissions from concerts and using recycled materials in production.

In conclusion, Stockholm's music scene is a vibrant and versatile world of tones and rhythms. The city has a rich musical history and is a melting pot of various genres and styles. Music is a central part of the city's culture and attracts talents from around the world. Stockholm is not just a beautiful and historically rich city; it is also a musical force to be reckoned with, continuing to be a magnet for music lovers from all over the world.

Gamla Stan: En Resa Genom Stockholms Historiska Hjärta

Gamla Stan är den historiska kärnan av Stockholm och en av stadens mest ikoniska platser. Det är en plats där historia, kultur och charm vävs samman i de smala kullerstensgatorna och de gamla byggnaderna som daterar sig tillbaka flera århundraden.

Gamla Stans historia sträcker sig över hundratals år och bär på många berättelser om kungar, invasionsförsök, handel och samhällsutveckling. Stadsdelen grundades officiellt på 1200-talet och var ursprungligen en befäst ö som skyddades av stadsmuren. Den första kända omnämnandet av staden Stockholm dateras till 1252, när den nämns som ett handelscenter och en plats där bönder möttes för att byta varor.

Under medeltiden blev Gamla Stan centrum för den svenska kronan och staden växte kraftigt. Stadsmuren och det kungliga slottet, som fortfarande är en central del av stadsdelen, byggdes under denna tid. Gamla Stan blev också platsen för den svenska riksdagen och en viktig administrativ centralpunkt.

Under 1600-talet var Gamla Stan platsen för flera historiskt betydelsefulla händelser. Gustav II Adolfs begravning 1633 och drottning Kristinas abdikation 1654 är två exempel på sådana händelser. Stadsdelen var också ett centrum för handel och hantverk under denna tid, och dess marknader lockade köpmän från hela Europa.

Under 1700-talet genomgick Gamla Stan vissa förändringar i arkitekturen. Många byggnader i stadsdelen byggdes om i barockstil, vilket gav området dess karakteristiska utseende. En annan bemärkelsesvärd händelse under detta århundrade var slaget vid Mälaren 1772, som innebar att Gustav III kunde göra en statskupp och återta tronen.

Gamla Stan spelade en viktig roll under 1800-talet när Sverige gick igenom industrialiseringen. Många av Gamla Stans äldre byggnader och kvarter revs för att ge plats åt moderniseringen, men stadsdelen förblev en central plats för politik och kultur. Under detta århundrade skapades också det svenska postväsendet i Gamla Stan.

Under 1900-talet har Gamla Stan förvandlats till en turistattraktion med dess välbevarade historiska charm. Stadsdelen har också varit värd för viktiga händelser såsom Nobels fredsprisbankett och utnämningen av Sveriges ärkebiskop. Gamla Stan är fortfarande en plats där historia, kultur och politik sammanstrålar.

En av de mest slående aspekterna av Gamla Stan är dess arkitektur. Stadsdelen är fylld med färgglada byggnader, smala gränder och imponerande palats. Gamla Stan har en unik blandning av olika arkitektoniska stilar som sträcker sig från medeltiden till barock och renässans.

Stadsmuren, som byggdes på 1500-talet, är fortfarande synlig och en påminnelse om stadens historia som en befäst plats. Runt om i Gamla Stan finns också många vackra kyrkor, inklusive

Storkyrkan och Tyska kyrkan, som är imponerande exempel på medeltida kyrkoarkitektur.

Det kungliga slottet, Kungliga slottet, är en central del av Gamla Stan. Det är en imponerande byggnad i barockstil och är fortfarande kungens officiella residens. Slottet är öppet för allmänheten och besökare kan utforska dess praktfulla rum och museer.

Gamla Stan är också känt för sina kullerstensgator och färgglada byggnader, särskilt runt Stortorget, som anses vara Gamla Stans centrala torg. Många av byggnaderna är utsmyckade med vackra skyltar och skulpturer som berättar om deras historia och ägare.

Gamla Stan är en plats där kultur och livsstil flätas samman på ett unikt sätt. Stadsdelen är hem för flera museer, teatrar och gallerier som speglar dess historia och kulturella arv.

Ett av de mest framstående museerna i Gamla Stan är Nobelprismuseet, som ligger i Börshuset vid Stortorget. Museet hyllar Nobelprisets historia och dess mottagare och ger besökare insikt i en av världens mest prestigefyllda utmärkelser.

Gamla Stan är också platsen för flera kultur- och konstgallerier, inklusive Sven-Harrys konstmuseum och Millesgården. Dessa platser erbjuder besökare möjligheten att utforska svensk och internationell konst och kultur.

Teater är en annan viktig del av Gamla Stans kultur. Gamla Stan har flera teatrar som erbjuder föreställningar av olika slag, inklusive dramatiska pjäser, musikaler och komedier. En av de äldsta teatrarna i stadsdelen är Gamla Stan teater, som har en lång historia av scenkonst.

Gamla Stan har också en levande musikscen. Det finns många platser där besökare kan njuta av livekonserter, från jazzklubbar till rocklokaler. Det är också en plats där traditionell svensk musik och folkmusik har en stark närvaro, med många krogar som erbjuder levande underhållning.

Det är också värt att nämna att Gamla Stan är en plats där många traditionella svenska festivaler firas, som Luciafirandet i december och midsommarfirandet i juni. Dessa festivaler ger en inblick i svenska traditioner och kultur.

Gamla Stan är hjärtat av Stockholm och har en djup betydelse för staden och hela Sverige. Stadsdelen är inte bara en symbol för Stockholms historia utan också en plats där det svenska kulturarvet upprätthålls och bevaras.

Stadsdelen är en viktig turistattraktion och lockar besökare från hela världen. Dess historiska charm och arkitektur ger en unik upplevelse för alla som besöker Gamla Stan. Turismen är också en betydande del av Stockholms ekonomi och genererar arbetstillfällen och intäkter för staden.

Gamla Stan är också platsen för viktiga politiska händelser och ceremonier. Det är där det svenska kungahuset har sitt kungliga slott, och det är också där Nobelpriset firas varje år. Stadsdelen är en symbol för svenska institutioner och traditioner.

För stockholmarna är Gamla Stan en plats där de kan ansluta till sin stad och dess historia. Många evenemang, marknader och festivaler äger rum i Gamla Stan och ger invånarna möjlighet att delta i stadens kulturliv.

Gamla Stan är en skattkista av historia, arkitektur och kultur. Det är hjärtat av Stockholm och en symbol för stadens rika arv. Stadsdelen är en plats där det förflutna möter nutiden, och dess charm och skönhet lockar besökare från hela världen. Gamla Stan kommer alltid att vara en central del av Stockholms själ och en plats där dess historia lever vidare.

Gamla Stan: A Journey Through the Historic Heart of Stockholm

Gamla Stan is the historic core of Stockholm and one of the city's most iconic places. It is a location where history, culture, and charm come together in the narrow cobblestone streets and the ancient buildings that date back several centuries.

The history of Gamla Stan spans hundreds of years and carries many stories of kings, invasion attempts, trade, and societal development. The district was officially founded in the 13th century and was originally a fortified island protected by city walls. The first known mention of the town of Stockholm dates back to 1252 when it was noted as a trading center and a place where farmers gathered to exchange goods.

During the Middle Ages, Gamla Stan became the center of the Swedish crown, and the city grew significantly. The city wall and the Royal Palace, which is still a central part of the district, were built during this time. Gamla Stan also became the location of the Swedish parliament and an important administrative hub.

In the 17th century, Gamla Stan witnessed several historically significant events. Gustav II Adolph's funeral in 1633 and Queen Christina's abdication in 1654 are two examples of such events. The district was also a center of trade and craftsmanship during this time, and its markets attracted merchants from all over Europe.

In the 18th century, Gamla Stan saw some changes in architecture. Many buildings in the district were remodeled in the Baroque style, giving the area its distinctive appearance. Another noteworthy event during this century was the Battle of Lake Mälaren in 1772, which allowed Gustav III to carry out a coup and regain the throne.

Gamla Stan played a crucial role during the 19th century as Sweden went through industrialization. Many of Gamla Stan's older buildings and neighborhoods were torn down to make way for modernization, but the district remained a central place for politics and culture. The Swedish postal service was also established in Gamla Stan during this century.

In the 20th century, Gamla Stan transformed into a tourist attraction with its well-preserved historic charm. The district also hosted significant events such as the Nobel Peace Prize banquet and the appointment of Sweden's archbishop. Gamla Stan is still a place where history, culture, and politics converge.

One of the most striking aspects of Gamla Stan is its architecture. The district is filled with colorful buildings, narrow alleys, and impressive palaces. Gamla Stan presents a unique blend of various architectural styles ranging from medieval to Baroque and Renaissance.

The city wall, built in the 16th century, is still visible and serves as a reminder of the city's history as a fortified place. Throughout Gamla Stan, there are also many beautiful churches, including Storkyrkan and the German Church, which are impressive examples of medieval church architecture.

The Royal Palace, the Kungliga slottet, is a central part of Gamla Stan. It is an impressive Baroque-style building and still serves as the official residence of the king. The palace is open to the public, allowing visitors to explore its magnificent rooms and museums.

Gamla Stan is also known for its cobblestone streets and colorful buildings, especially around Stortorget, considered the central square of Gamla Stan. Many of the buildings are adorned with beautiful signs and sculptures that tell their history and owners.

Gamla Stan is a place where culture and lifestyle intertwine in a unique way. The district is home to several museums, theaters, and galleries that reflect its history and cultural heritage.

One of the most prominent museums in Gamla Stan is the Nobel Prize Museum, located in the Börshuset at Stortorget. The museum celebrates the history of the Nobel Prize and its laureates, providing visitors with insights into one of the world's most prestigious honors.

Gamla Stan is also the location of several cultural and art galleries, including the Sven-Harry Art Museum and Millesgården. These venues offer visitors the opportunity to explore Swedish and international art and culture.

The theater is another vital aspect of Gamla Stan's culture. The district boasts several theaters that offer various types of performances, including dramatic plays, musicals, and comedies. One of the oldest theaters in the district is the Gamla Stan Theater, with a long history of stage arts.

Gamla Stan also has a vibrant music scene. There are many venues where visitors can enjoy live concerts, from jazz clubs to rock venues. It is also a place where traditional Swedish music and folk music have a strong presence, with many pubs offering live entertainment.

It is worth mentioning that Gamla Stan is a place where many traditional Swedish festivals are celebrated, such as the Lucia celebration in December and the Midsummer celebration in June. These festivals provide an insight into Swedish traditions and culture.

Gamla Stan is the heart of Stockholm and holds deep significance for the city and all of Sweden. The district is not only a symbol of Stockholm's history but also a place where Swedish cultural heritage is upheld and preserved.

The district is a crucial tourist attraction, drawing visitors from all over the world. Its historical charm and architecture provide a unique experience for all who visit Gamla Stan. Tourism is also a significant part of Stockholm's economy, generating jobs and revenue for the city.

Gamla Stan is also the site of important political events and ceremonies. It is where the Swedish royal family has its Royal Palace, and it is also where the Nobel Prize is celebrated each year. The district is a symbol of Swedish institutions and traditions.

For the people of Stockholm, Gamla Stan is a place where they can connect with their city and its history. Many events, markets, and festivals take place in Gamla Stan, giving residents the opportunity to participate in the city's cultural life.

Gamla Stan is a treasure trove of history, architecture, and culture. It is the heart of Stockholm and a symbol of the city's rich heritage. The district is a place where the past meets the present, and its charm and beauty attract visitors from all over the world. Gamla Stan will always be a central part of Stockholm's soul and a place where its history lives on.

Södermalm: En Skattkista av Mångfald och Kreativitet i Stockholm

Södermalm, ofta kallat Söder, är en av Stockholms mest levande och mångfacetterade stadsdelar. Beläget söder om Gamla Stan och omfamnat av Mälaren och Saltsjön, är Södermalm känt för sin kontrasterande atmosfär, mångsidiga kultur, och pulserande samhällsliv.

Södermalms historia är en resa genom tid och förändring. Ursprungligen var detta område bebott av fiskare och arbetare och präglat av småstadsatmosfären. Under medeltiden var Södermalm ett centrum för jordbruk och fiske, och det kunde nås genom en bro från Gamla Stan.

Under 1600-talet började Södermalm genomgå en urban förvandling. Den ökande befolkningen i Stockholm krävde mer utrymme, och Södermalm blev en plats för bostäder och handel. Många av de karakteristiska trähusen byggdes under den här perioden och har sedan dess blivit en symbol för stadsdelen.

Under 1800-talet var Södermalm ett centrum för industrier och arbetarklassen. Många fabriker och verkstäder etablerades här, och stadsdelen blev känd som arbetarnas hem. Stora sociala förändringar och urbanisering ägde rum under detta århundrade, och Södermalm speglade detta i sin sammansättning och kultur.

På 1900-talet genomgick Södermalm ytterligare förändringar. Stadsdelen blev en smältdegel för olika kulturer och nationaliteter, och många arbetarklasskvarter förvandlades till kreativa och bohemiska områden. Detta decennium såg också födelsen av den svenska filmindustrin, och flera av dess tidiga filminspelningar ägde rum i Södermalm.

I dag är Södermalm en eklektisk blanding av historia och nutid. De gamla trähusen och historiska kvarteren lever i harmoni med moderna byggnader och kreativa utrymmen. Stadsdelen har genomgått en omvandling till ett kulturellt centrum som hyser en mångfald av människor, idéer och initiativ.

Södermalm är känt för sin varierande arkitektur, som spänner från gamla trähus till moderna lägenheter och kreativa utrymmen. En av de mest kända aspekterna av stadsdelen är dess välbevarade 1700-tals trähus, särskilt i områden som Mariatorget och Slussen. Dessa hus har färgglada fasader och snidade detaljer och ger stadsdelen dess karakteristiska charm.

Vid Slussen finns också många moderna byggnader, inklusive Gondolen, en restaurang som erbjuder spektakulär utsikt över Stockholm. Modern arkitektur har en stark närvaro i Södermalm och kontrasterar väl med de äldre trähusen.

Stadsdelen har också en mängd kreativa utrymmen och ateljéer som uttrycker stadsdelens mångsidighet. Gamla fabrikshallar och lagerlokaler har förvandlats till konstgallerier, teatrar, och arbetsutrymmen för konstnärer och kreatörer.

Södermalm är känt för sin kulturella mångfald. Människor från olika bakgrunder och kulturer har bosatt sig i stadsdelen och bidragit till dess rika kulturella landskap. Här finns en mängd olika restauranger som serverar mat från hela världen, och det är en plats där olika kulturella festivaler och evenemang äger rum.

Stadsdelen har en lång tradition av progressiva värderingar och kreativitet. Det är hem för många konstnärer, musiker, och författare som finner inspiration i dess eklektiska atmosfär. Södermalm har också varit en central punkt för alternativ kultur och subkulturer som har format Stockholms kulturliv.

Södermalm har ett pulserande nattliv med en mängd barer, klubbar och musikscener som erbjuder allt från elektronisk musik till jazz och rock. Det är en plats där människor samlas för att njuta av kultur, musik och nöjen.

Södermalm har en betydande roll i Stockholms kulturliv och ekonomi. Det är en plats som drar till sig turister, kreativa företag, och entreprenörer. Stadsdelen erbjuder en rad möjligheter för människor att utforska kultur, konst, och kreativitet.

Södermalm är en unik och mångsidig stadsdel som utgör en viktig del av Stockholms identitet. Dess rika historia, arkitektur och kulturella mångfald ger stadsdelen dess unika karaktär. Södermalm är en skattkista av mångfald och kreativitet och fortsätter att vara en central punkt i Stockholms kulturliv. Stadsdelen är en påminnelse om Stockholms förflutna och en vision för dess framtid som en plats där människor från alla bakgrunder och intressen kan komma samman för att utforska och fira kreativitet, kultur och gemenskap.

Södermalm: A Treasure Trove of Diversity and Creativity in Stockholm

---

Södermalm, often referred to as Söder, is one of Stockholm's most vibrant and multifaceted neighborhoods. Located south of Gamla Stan and embraced by Lake Mälaren and the Baltic Sea, Södermalm is known for its contrasting atmosphere, diverse culture, and vibrant community life.

The history of Södermalm is a journey through time and change. Originally, this area was inhabited by fishermen and laborers, characterized by a small-town atmosphere. During the Middle Ages, Södermalm was a center for agriculture and fishing, accessible by a bridge from Gamla Stan.

In the 17th century, Södermalm began to undergo an urban transformation. The increasing population of Stockholm required more space, and Södermalm became a place for housing and commerce. Many of the characteristic wooden houses were built during this period and have since become a symbol of the district.

In the 19th century, Södermalm was an industrial center for the working class. Many factories and workshops were established here, and the district became known as the home of the working class. Significant social changes and urbanization took place during this century, and Södermalm reflected this in its composition and culture.

In the 20th century, Södermalm underwent further changes. The district became a melting pot for different cultures and nationalities, and many working-class neighborhoods transformed into creative and bohemian areas. This decade also saw the birth of the Swedish film industry, with several of its early film productions taking place in Södermalm.

Today, Södermalm is an eclectic mix of history and the present. The old wooden houses and historic neighborhoods coexist harmoniously with modern buildings and creative spaces. The district has transformed into a cultural center that hosts a diversity of people, ideas, and initiatives.

Södermalm is known for its diverse architecture, ranging from old wooden houses to modern apartments and creative spaces. One of the most renowned aspects of the district is its well-preserved 18th-century wooden houses, especially in areas like Mariatorget and Slussen. These houses have colorful facades and intricately carved details, giving the district its distinctive charm.

At Slussen, there are also many modern buildings, including Gondolen, a restaurant that offers spectacular views of Stockholm. Modern architecture has a strong presence in Södermalm and complements the older wooden houses beautifully.

The district also hosts a multitude of creative spaces and studios that express the diversity of the district. Former factory halls and warehouse spaces have been transformed into art galleries, theaters, and workspaces for artists and creators.

Södermalm is known for its cultural diversity. People from various backgrounds and cultures have settled in the district, contributing to its rich cultural landscape. There is a wide variety of restaurants serving cuisine from around the world, and the district is a place where various cultural festivals and events take place.

The district has a long tradition of progressive values and creativity. It is home to many artists, musicians, and writers who find inspiration in its eclectic atmosphere. Södermalm has also been a focal point for alternative culture and subcultures that have shaped Stockholm's cultural life.

Södermalm has a vibrant nightlife with numerous bars, clubs, and music venues offering everything from electronic music to jazz and rock. It is a place where people gather to enjoy culture, music, and entertainment.

Södermalm plays a significant role in Stockholm's cultural life and economy. It is a place that attracts tourists, creative businesses, and entrepreneurs. The district offers a range of opportunities for people to explore culture, art, and creativity.

Södermalm is a unique and versatile district that constitutes an essential part of Stockholm's identity. Its rich history, architecture, and cultural diversity give the district its distinctive character. Södermalm is a treasure trove of diversity and creativity and continues to be a central point in Stockholm's cultural life. The district is a reminder of Stockholm's past and a vision for its future as a place where people from all backgrounds and interests can come together to explore and celebrate creativity, culture, and community.

Klimatet i Stockholm

Stockholm, Sveriges huvudstad, ligger vid Östersjökusten och är omgiven av vatten. Stadens klimat är en viktig faktor som påverkar dess invånare, miljö och samhällsliv.

Stockholm ligger på 59:e breddgraden norr och är beläget nära Östersjökusten. Stadens geografiska läge påverkar dess klimat avsevärt. Eftersom Stockholm är omgivet av vatten i form av Östersjön, Mälaren och andra mindre sjöar, har stadens klimat en betydande maritim påverkan. Vattnet fungerar som en termisk massa och reglerar temperaturvariationer under året.

Stockholm har ett tempererat klimat med tydliga årstidsvariationer. Det marina inflytandet gör att klimatet i Stockholm är mildare jämfört med platser som ligger längre inland. Här är några viktiga klimatparametrar som definierar Stockholms väder och klimat:

1. Temperatur: Stockholms medeltemperatur varierar från -3°C under kalla vintrar till 21°C under sommaren. De kallaste månaderna är december till februari, medan juli är den varmaste månaden.

2. Nederbörd: Stockholm får nederbörd året runt, men sommarmånaderna har generellt mer regn. Total årlig nederbörd ligger vanligtvis mellan 500 och 600 millimeter.

3. Snö: Stockholm upplever snöfall under vintern. Snöfallen är vanligast mellan december och mars. Staden är oftast täckt av snö under vintermånaderna.

4. Ljusförhållanden: Stockholm har långa sommardagar med mycket dagsljus och korta vinterdagar med begränsat dagsljus. Dagarna är som längst i juni och kortast i december.

5. Vindförhållanden: Stockholm har relativt milda vindar med maritim påverkan. Vindhastigheten varierar och kan vara något högre under vintermånaderna.

Stockholm genomgår tydliga årstidsvariationer som påverkar stadens utseende och kultur. Här är en översikt över de fyra årstiderna i Stockholm:

1. Vår: Våren i Stockholm är en tid av återupplivning och växtlighet. Staden exploderar i grönska när träden blommar och blommorna slår ut. Våren är känd för sin ljusa atmosfär och de ständigt längre dagarna.

2. Sommar: Sommaren är högsäsong för Stockholm. Staden badar i solsken, och människor njuter av utelivet. Sommaren är fylld med festivaler, bad i Mälaren och Östersjön samt picknickar i stadens parker.

3. Höst: Hösten är en vacker tid i Stockholm när löven ändrar färg till guld och rött. Det är också äppelsäsong, och höstmarknader är vanliga. Dagarna blir kortare, och temperaturen börjar sjunka.

4. Vinter: Vintern i Stockholm är en snötäckt tid med skridskoåkning på stadens frusna sjöar och skidåkning i

närheten. Staden är smyckad med juldekorationer och ljus. Kylan gör att folk samlas inomhus i kaféer och för att njuta av gemenskapen.

Stockholms klimat påverkas av globala klimatförändringar. Ökande temperaturer och extremväder har blivit allt vanligare. Här är några av de utmaningar som staden möter på grund av klimatförändringar:

1. Havsnivåstigning: Stockholm är sårbar för havsnivåstigning på grund av sitt läge vid kusten. Åtgärder för att skydda staden mot översvämningar och höjda vattennivåer är nödvändiga.

2. Värmeböljor: Ökande temperaturer kan leda till värmeböljor som påverkar stadens invånare, särskilt äldre och utsatta grupper. Kylningssystem och åtgärder för att förhindra värmestress är viktiga.

3. Nederbörd och översvämningar: Starka regn och översvämningar kan orsaka problem i stadens avloppssystem. Bättre vattenhantering och stadsplanering är nödvändiga för att hantera dessa utmaningar.

4. Skogsbränder och skadliga insekter: Klimatförändringar kan påverka närvaron av skadliga insekter och öka risken för skogsbränder i stadens omgivningar.

5. Hållbarhet och anpassning: Stockholm arbetar aktivt med att minska sin klimatpåverkan genom hållbar stadsplanering, förnybar energi och kollektivtrafik. Anpassning till klimatförändringar är en viktig del av stadens strategi.

Stockholms klimat är en central faktor som präglar stadens liv och miljö. Den marina påverkan, tempererade årstidsvariationer och pågående klimatförändringar är viktiga element i Stockholms klimatberättelse. Förståelsen av stadens klimat och dess utmaningar är avgörande för att skapa en hållbar och motståndskraftig framtid för Stockholm och dess invånare. Genom att fortsätta att anpassa sig till klimatförändringar och arbeta för hållbarhet kan Stockholm behålla sin status som en av de mest livskraftiga städerna i världen.

The Climate in Stockholm

Stockholm, the capital of Sweden, is situated on the eastern coast of the Baltic Sea and is surrounded by water. The city's climate is a significant factor that affects its residents, environment, and society.

Stockholm is located at the 59th parallel north and is situated near the Baltic Sea coast. The city's geographical location significantly influences its climate. Being surrounded by water, including the Baltic Sea, Lake Mälaren, and other smaller lakes, the city's climate experiences a considerable maritime influence. The presence of water serves as a thermal mass and regulates temperature variations throughout the year.

Stockholm has a temperate climate with distinct seasonal variations. The maritime influence makes Stockholm's climate milder compared to places farther inland. Here are some key climate parameters that define Stockholm's weather and climate:

1. Temperature: Stockholm's average temperature varies from -3°C during cold winters to 21°C during the summer. The coldest months are from December to February, while July is the warmest month.

2. Precipitation: Stockholm receives precipitation throughout the year, with summer months generally having more rain. Total annual precipitation typically ranges between 500 and 600 millimeters.

3. Snow: Stockholm experiences snowfall during the winter. Snowfall is most common from December to March, and the city is usually covered in snow during the winter months.

4. Daylight Conditions: Stockholm has long summer days with abundant daylight and short winter days with limited daylight. Days are longest in June and shortest in December.

5. Wind Conditions: Stockholm experiences relatively mild winds with a maritime influence. Wind speeds vary and may be slightly higher during the winter months.

Stockholm undergoes distinct seasonal variations that impact the city's appearance and culture. Here is an overview of the four seasons in Stockholm:

1. Spring: Spring in Stockholm is a time of rejuvenation and greenery. The city bursts into foliage as trees bloom, and flowers blossom. Spring is known for its bright atmosphere and progressively longer days.

2. Summer: Summer is the peak season for Stockholm. The city basks in sunshine, and people enjoy outdoor life. Summer is filled with festivals, swimming in Lake Mälaren and the Baltic Sea, and picnics in the city's parks.

3. Autumn: Autumn is a beautiful time in Stockholm as the leaves change colors to gold and red. It's also apple season, and autumn markets are common. Days become shorter, and temperatures begin to drop.

4. Winter: Winter in Stockholm is a snowy period with ice skating on the city's frozen lakes and skiing in nearby areas. The

city is adorned with Christmas decorations and lights. The cold weather encourages people to gather indoors at cafes and enjoy community.

Stockholm's climate is affected by global climate change. Rising temperatures and extreme weather events have become more common. Here are some of the challenges the city faces due to climate change:

1. Sea Level Rise: Stockholm is vulnerable to rising sea levels due to its coastal location. Measures to protect the city from flooding and elevated water levels are necessary.

2. Heatwaves: Increasing temperatures can lead to heatwaves that affect the city's residents, particularly the elderly and vulnerable groups. Cooling systems and measures to prevent heat stress are crucial.

3. Precipitation and Flooding: Intense rainfall and flooding can pose problems in the city's drainage system. Improved water management and urban planning are essential to address these challenges.

4. Wildfires and Harmful Insects: Climate change can influence the presence of harmful insects and increase the risk of wildfires in the city's surroundings.

5. Sustainability and Adaptation: Stockholm is actively working to reduce its climate impact through sustainable urban planning, renewable energy, and public transportation. Adaptation to climate change is a vital part of the city's strategy.

Stockholm's climate is a central factor that shapes the city's life and environment. The maritime influence, temperate seasonal variations, and ongoing climate change are essential elements of Stockholm's climate narrative. Understanding the city's climate and its challenges is crucial for creating a sustainable and resilient future for Stockholm and its residents. By continuing to adapt to climate change and working toward sustainability, Stockholm can maintain its status as one of the most livable cities in the world.

Kungliga Slottet i Stockholm

Kungliga slottet i Stockholm, även känt som Stockholms slott, är en av Sveriges mest betydande historiska platser och en symbol för nationens kungliga arv. Med en rik historia som sträcker sig över flera århundraden, tjänar detta imponerande slott som både kungens officiella residens och en plats av stor betydelse för den svenska nationen.

Kungliga slottet i Stockholm har en fascinerande historia som sträcker sig tillbaka till 13:e århundradet. Det ursprungliga slottet som låg på platsen för dagens slott var en borg som byggdes på 1250-talet av Birger Jarl, en framstående svensk statsman. Denna borg var en del av den medeltida stadsmuren som skyddade den unga staden Stockholm.

Under 16:e och 17:e århundradena genomgick slottet omfattande förändringar och ombyggnader. Gustav Vasa, en av Sveriges mest betydande monarker, genomförde en omfattande ombyggnad av slottet på 1500-talet. Under hans regeringstid omvandlades det medeltida slottet till ett renässanspalats och blev ett kungligt residens.

En annan viktig period för slottet var under Karl XIV Johans regeringstid på 19:e århundradet. Han genomförde omfattande restaureringar och moderniseringar, vilket gav slottet dess nuvarande utseende i nyklassicistisk stil. Slottet blev en symbol för den svenska monarkin och dess storslagna historia.

Idag är Kungliga slottet i Stockholm en av de mest välbevarade kungliga palatsen i världen och ett levande monument över Sveriges historia och kultur. Slottet fungerar som kungens officiella residens och är platsen för viktiga kungliga evenemang och ceremonier.

Kungliga slottet i Stockholm är ett mästerverk av arkitektur och har genomgått många arkitektoniska omvandlingar under årens lopp. Slottets nuvarande utseende, i nyklassicistisk stil, är ett resultat av Karl XIV Johans ombyggnad på 19:e århundradet.

Slottet är imponerande med sina symmetriska fasader, kolonner och skulpturer. En av de mest kända delarna av slottet är Lejonbacken, en monumental trappa dekorerad med lejonstatyer. Slottet är omgivet av en vacker innergård med vackra trädgårdar och fontäner.

Inuti slottet finns magnifika rum, inklusive Rikssalen, som används för kungliga ceremonier och statsbesök. Slottet rymmer också flera museer, inklusive Skattkammaren, som innehåller värdefulla kungliga föremål och kronjuveler.

Kungliga slottet i Stockholm har en viktig roll som en plats för kungliga funktioner och representation. Det fungerar som kungens officiella residens och är platsen för kungliga ceremonier och statsbesök. Här hålls kungliga banketter, mottagningar och statsråd.

Ett av de mest kända evenemangen som äger rum på slottet är Nobelbanketten, där Nobelprisets mottagare hedras. Slottet fungerar också som en central plats för den svenska monarkins representation och symboliserar Sveriges kungliga arv.

Kungliga slottet är inte bara en plats för kungliga funktioner utan också en betydande nationalmonument. Det representerar Sveriges historia, kultur och kungliga arv. Slottet är en plats som drar besökare från hela världen och är en av de mest populära turistattraktionerna i Sverige.

Besökare har möjlighet att utforska slottets praktfulla rum och museer, inklusive Skattkammaren, där de kan se värdefulla kronjuveler och kungliga föremål. Det är också möjligt att ta guidade turer i slottet och lära sig mer om dess historia och arkitektur.

Kungliga slottet i Stockholm är en plats där besökare och invånare kan ansluta sig till Sveriges kulturella arv och förstå betydelsen av monarkin i landets historia.

Kungliga slottet i Stockholm är en historisk skatt och nationalmonument med en rik historia och en imponerande arkitektur. Det tjänar som kungens officiella residens och är platsen för kungliga ceremonier och evenemang. Slottet representerar Sveriges kungliga arv och är en symbol för landets historia och kultur. Som en av de mest besökta turistattraktionerna i Sverige fortsätter Kungliga slottet att vara en plats där människor från hela världen kan uppleva landets rika historia och kungliga traditioner. Det är en levande plats som fortsätter att spela en central roll i Sveriges kulturella arv.

The Royal Palace in Stockholm

The Royal Palace in Stockholm, also known as the Stockholm Palace, is one of Sweden's most significant historical sites and a symbol of the nation's royal heritage. With a rich history spanning several centuries, this impressive palace serves as both the official residence of the king and a place of great importance to the Swedish nation.

The Royal Palace in Stockholm has a fascinating history dating back to the 13th century. The original castle that stood on the site of the current palace was a fortress built in the 1250s by Birger Jarl, a prominent Swedish statesman. This castle was part of the medieval city wall that protected the young town of Stockholm.

During the 16th and 17th centuries, the palace underwent extensive changes and renovations. Gustav Vasa, one of Sweden's most significant monarchs, conducted a comprehensive renovation of the palace in the 16th century. Under his rule, the medieval castle was transformed into a Renaissance palace and became a royal residence.

Another crucial period for the palace was during the reign of Karl XIV Johan in the 19th century. He carried out extensive restorations and modernizations, giving the palace its current appearance in Neoclassical style. The palace became a symbol of the Swedish monarchy and its grand history.

Today, the Royal Palace in Stockholm is one of the most well-preserved royal palaces in the world and a living monument to Sweden's history and culture. The palace serves as the king's official residence and hosts important royal events and ceremonies.

The Royal Palace in Stockholm is a masterpiece of architecture and has undergone many architectural transformations over the years. The palace's current appearance, in Neoclassical style, is a result of Karl XIV Johan's renovations in the 19th century.

The palace is impressive with its symmetrical facades, columns, and sculptures. One of the most famous parts of the palace is Lejonbacken, a monumental staircase adorned with lion statues. The palace is surrounded by a beautiful inner courtyard with lovely gardens and fountains.

Inside the palace are magnificent rooms, including the Hall of State, which is used for royal ceremonies and state visits. The palace also houses several museums, including the Treasury, which contains valuable royal artifacts and crown jewels.

The Royal Palace in Stockholm plays a crucial role as a venue for royal functions and representation. It serves as the king's official residence and is the location for royal banquets, receptions, and council meetings.

One of the most well-known events held at the palace is the Nobel Banquet, where Nobel Prize laureates are honored. The palace also serves as a central venue for the representation of the Swedish monarchy and symbolizes Sweden's royal heritage.

The Royal Palace is not only a place for royal functions but also a significant national monument. It represents Sweden's history, culture, and royal heritage. The palace is a place that attracts visitors from all over the world and is one of the most popular tourist attractions in Sweden.

Visitors have the opportunity to explore the palace's splendid rooms and museums, including the Treasury, where they can see valuable crown jewels and royal artifacts. Guided tours of the palace are also available, allowing visitors to learn more about its history and architecture.

The Royal Palace in Stockholm is a place where visitors and residents can connect with Sweden's cultural heritage and understand the importance of the monarchy in the country's history.

The Royal Palace in Stockholm is a historical treasure and national monument with a rich history and impressive architecture. It serves as the official residence of the king and is the location for royal ceremonies and events. The palace represents Sweden's royal heritage and is a symbol of the country's history and culture. As one of the most visited tourist attractions in Sweden, the Royal Palace continues to be a place where people from around the world can experience the country's rich history and royal traditions. It is a living place that continues to play a central role in Sweden's cultural heritage.